AF434205

# Elämänkerran kirjoittaminen ja julkaiseminen
## Ohjeita käytännön esimerkin muodossa

Salme Räsänen ja Ahti Planman

Kustantaja: BoD – Books on Demand, Helsinki, Suomi
Valmistaja: BoD – Books on Demand, Norderstedt, Saksa

ISBN: 978-952-80-0833-0

# Lukijalle

Tämä on tositarina erään elämänkertateoksen laatimisesta ideasta kirjan kustantamiseen saakka. Pyrimme tässä ohjevihkosessa keskittymään tekemiimme mokiin, joista opimme eniten. Kerromme tietenkin myös onnistuneista valinnoista. Toivomme, että kirjan lukija päätyy kirjoittamaan muistiin oman elämänsä tärkeät muistot ja saa tästä ohjevihkosesta apua sekä sisältöä että teknisiä valintoja koskeviin kysymyksiin.

Salme Räsänen on varsinainen kirjailija, joka kirjoitti elämänsä tärkeimmät muistot talteen iPad-tabletilla vuosina 2016-18. Toinen tekijä Ahti Planman on Savonetti Ry:n vertaisohjaaja, joka auttoi tekniikan suhteen. Yhteisesti voimme todeta, että prosessi oli sangen mielenkiintoinen. Alussa ei ollut aavistustakaan siitä, että tästä voisi tulla oikea kirja. Oli vain paljon muistoja, iPad-tabletti ja halu kokeilla uusia asioita. Ensin hankittiin iPadiin yhdessä Pages- ohjelma...

Muistojen kirjaaminen on suurta rikkautta. Elämää tulee ikään kuin elettyä uudelleen, kun asioita kaivelee esiin oman päänsä arkistoista. Jälkipolvet arvostavat vanhempiensa ja esivan–hempiensa muistiinpanoja, vaikka eivät aina ole valmiita tai edes kykeneviä ohjaamaan itse työssä. Tässä tulevat avuksi Savonetin kaltaiset vertaisohjaajajärjestöt, joiden toimintaidea on auttaa ikäihmisiä kaikissa IT-asioihin liittyvissä ongelmissa. Elämänkerran kirjoittaminen ei ehkä tässä tapauksessa ollut mikään varsinainen ongelma. Yhteinen mielenkiintoinen haaste kuitenkin, joten päätimme dokumentoida työn pääkohdat.

Siilinjärvellä 3.12.2018 Salme Räsänen ja Ahti Planman

# Kuinka kaikki alkoi

**Ahti**: Tapasin Salmen ensi kertaa keväällä 2016, kun hän tuli Akuliina-palvelutalon tietokonehuoneeseen Savonetti Ry:n neuvontaan kysymään tekstin tuottamisesta iPadilla. Silloinen koneen vakio-ohjelmisto ei juurikaan tukenut laajemman tekstin tekemistä.

**Salme**: Kaikki alkoi siitä, kun ilmaisin halukkuuteni kirjoittaa tekstiä iPadillani. Se ei ollut kuitenkaan mahdollista, koska koneessa ei ollut tähän sopivaa ohjelmaa. Kuulin sitten vertaisohjaaja Antero Kaskimetsältä, että on olemassa Pages-kirjoitusohjelma, jonka voi ostaa iPadille. Niinpä Ahti Planman osti sen ja asensi iPadilleni.

**Ahti**: Tunsin ennestään pintapuolisesti Pages-ohjelman, jota olin käyttänyt Mac-Bookissani ennen MS-Officen hankintaa. Päätimme hankkia Salmelle Pagesin. Koska hänen Apple-Id-tunnuksellaan ei voinut ostaa maksullisia tuotteita (luottokortti-tietoja ei oltu rekisteröity), lainasin hänen koneeseensa omaa tunnustani ja ostin Pagesin hintaan 10 €. Salme kuittasi heti hankinnan setelirahalla.

**Salme**: Ahti opetti Pagesin käyttöä. Minulle avautui uusi maailma ja aloin heti kirjoittaa muistiin omaa elämäkertaani lapsuudesta alkaen. Olin alkuun hyvin innostunut, mutta sitten tapahtui jotain odottamatonta. Tekstini hävisi taivaan tuuliin enkä voinut jatkaa kirjoittamista. Onneksi olin ottanut kopiot tekstistä (paperille) ja Ahti pelasti tilanteesta, ettei tarvinnut uudelleen kirjoittaa.

**Ahti**: Jossakin vaiheessa Salme halusi paperikopion kirjoittamistaan sivuista. Hän kertoi kuulleensa, että PrintHand-ohjelma voisi auttaa tässä. Minulle ohjelma oli ennestään täysin tuntematon, mutta osoittautui heti toimivaksi. Sekin maksoi 10 euroa ja hankittiin samalla tavalla kuin Pages. Palvelutalon melko uudelle kirjoittimelle (joka siis tuki PrintAir-toimintaa) pystyimme tulostamaan langattomasti muistelmien ensimmäiset sivut. Tämä osoittautuikin tärkeäksi varmuuskopioksi, koska teksti katosi koneelta oudolla tavalla. Saara kirjoitti tekstin näppärällä rutiinillaan uudelleen koneelle paperikopiosta. Jotenkin tekstin katoaminen liittyi iCloud-palveluun, jonka toimintaa emme kunnolla ymmärtäneet. Taas opittiin jotakin!

**Ahti**: Erään neuvontatuokion yhteydessä puheeksi tulivat valo–kuvat. Kerroin, että iPadilla voi ottaa kuvia vaikkapa vanhoista valokuvista ja ne voi tuoda tekstin joukkoon Pages-dokumenttiin.

**Salme**: Minulla oli tekstiin liittyviä valokuvia, joita Ahti neuvoi liittämään mukaan tekstin lomaan. Hän neuvoi, kuinka kuva otetaan vanhasta valokuvasta iPadillani ja muokataan sopivan kokoiseksi. Senkin taidon opin. Pian huomasin, että kuva liikkui tekstiä kirjoittaessani eikä vastannut selostustani. Ahti neuvoi kirjoittamaan kuvan alapuolelle keitä kuvassa on. Siten se ei ole tekstistä riippuvainen.

## Aloitusvaiheen tärkeimmät mokat

**Moka**: **Julkaisun formaattia** ei mietitty ollenkaan kirjoittamisen alkuvaiheessa. Ymmärrettävää kyllä, sillä tuolloin ei vielä edes ajateltu muistelmien julkaisemista.

**Opetus**: Olisi heti kannattanut valita formaatiksi A4:n sijasta A5, joka valikoitui myöhemmin julkaisuformaatiksi.

**Moka: Varmuuskopiointia** ei mietitty heti alussa.
**Opetus**: Alusta alkaen täytyy olla selvillä siitä, onko teksti omalla koneella vai pilvipalvelussa (tässä tapauksessa iCloud). Varmuuskopiointimenettelyksi sovittiin tiedoston lähettäminen sähköpostissa Ahtille aina, kun tekstiä oli tullut lisää.

**Moka: Kuvien kiinnitykseen** ei alkuun kiinnitetty mitään huomiota ja ne pomppivat minne sattuu tekstiä lisättäessä.
**Opetus1**: Kuvat kannattaa kiinnittää systemaattisesti joko tekstiin tai sivuille. Tässä päädyttiin sivulle kiinnitykseen.
**Opetus2**: Kuvatekstien käyttö kannattaa miettiä heti alussa. Tässä tapauksessa kuvatekstit lisättiin vasta loppuvaiheessa Word-viimeistelyn yhteydessä. Kuvatekstit helpottavat huomattavasti kuvien sijoittelua. Tässä kuvatekstit tehtiin Wordin tekstilaatikoilla, jotka ryhmitettiin yhteen kuvien kanssa. Tärkeää on määritellä yhdistelmän zoomaus vakioiduksi (jolloin kuvan mittasuhteet säilyvät ennallaan).

## Varsinainen muistelmien kirjoitustyö ja kuvien liittäminen

**Salme**: Tekstin elävöittämiseksi kuvat ovat mielestäni erittäin tärkeitä. Nyt liittäisin paljon enemmän kuvia tekstiin. Tämä vinkiksi uusille elämäkerran kirjoittajille!

Tekstini eteni siten, että lisäilin muistiini tulleita asioita jälkikäteen sopivaksi katsomaani paikkaan. Mitään suunnitelmaa ei etukäteen ollut, vaan etenin jokseenkin aikajärjestyksessä.

Itse kullakin on oma tyylinsä ja niinpä muistelmista tulee personallisia. Elämäkerran kirjoittaminen on mukavaa. Saa elää elämänsä uudelleen ja uudelleen. Minulle lapsuuden muistot ovat tärkeitä ja vahvasti mielessä. Kävimme mieheni kanssa monet kerrat lapsuudenkodissani ja yleensä Polvijärvellä

## Julkaisuvaihe

Kun kirjoitustyö oli edennyt niin pitkälle, että uutta tekstiä oli syntynyt yli kaksikymmentä A4-sivua ja Salme oli kaivanut esiin aikaisemmin kirjoittamansa Harjamäen työvuosia koskevan noin kymmensivuisen tekstin, alkoi kyteä ajatus työn julkaisemisesta. Salmella oli hyviä ystäviä, jotka olivat julkaisseet useita kirjoja. Tämä antoi uskoa julkaisemisen mahdollisuuksiin.

## Kustantajan valinta

Kun yhdessä tutkailtiin vastaavantyyppisiä julkaisuja (esim. Marja Rämä, Harjastukat, BoD 2016), kävi selväksi, että julkaisun koko olisi A5 luonnosvaiheessa käytetyn A4:n sijasta.

Tehtiin pikainen tarjouskilpailu muutamien kustantajien kesken ja päädyttiin BoD-kustantajaan (Books on Demand), josta Salmen ystävillä oli hyviä kokemuksia. BoD:n tarjoamista vaihtoehdoista valittiin omaan taittoon ja kannen tekemiseen perustuva itsepalveluratkaisu. Perusteena olivat sekä taloudelliset syyt (luokkaa 1000 euron säästö) että Ahtin aikaisempi kokemus ja halu oppia kirjan valmistelun tämäkin vaihe Savonetin tulevia tarpeita ajatellen.

Ahti teki A4-luonnoksesta Wordilla (tutumpi väline) uuden A5-kokoisen version. Helpointa oli tuoda ensin vain teksti ja liittää kuvat uudelleen mukaan yksi kerrallaan. Sivukoon puolittaminen toi kuvien sijoitteluun oman haasteensa ja kuviin päätettiin liittää kuvatekstit, jotta kuvien ei tarvitsisi olla aivan niitä kuvailevien tekstinosien välittömässä yhteydessä. Helpoimmaksi tavaksi kuvatekstien luomiseksi osoittautuivat tekstilaatikot, jotka ryhmitettiin kuvien yhteyteen. Ohessa kuva kirjan painetusta aukeamasta.

Valitut mitat ja fontit:
- sivukoko: A5 eli 148 x 210 mm
- ylämarginaali: 2,5 cm
- alamarginaali: 3 cm
- vasen ja oikea marginaali: 2 cm

- leipätekstin fontti: Times New Roman 12
- väliotsikot: Helvetica 20
- rivinväli 1

Nämä parametrit valittiin suurelta osin käyttäen mallina Salmen hyllystä löytynyttä Marja Rämön kirjaa Harjatukat, joka on myös BoD:n kustantama.

Seuraavaksi pidettiin yhteinen sessio Salmen, Ahtin ja Saaran (yhteinen ystävä) kesken ja käytiin tarkasti läpi BoD:n erinomainen aloituspaketti. Koska kaikki näytti selvältä, päätettiin samantien käydä toimeen ja perustaa kirjaprojekti. Ahti oli jo tätä ennen rekisteröitynyt BoD:n käyttäjäksi eli perustanut oman tilin palveluun. Ensimmäiseen tärkeään kysymykseen (rooli) rekisteröinnissä Ahti oli vastannut Kustantaja (toinen vaihtoehto oli Kirjailija), koska ei ollut kirjan kirjoittaja. Tästä tuli jälleen viivästyttävä ja opettavainen Moka.

**Moka**: Ei selvitetty, mitä nämä roolit Kirjailija/Kustantaja tarkoittavat käytännössä ja erityisesti BoD:n palveluissa.
**Opetus:** Kustantaja hankkii itse ISBN-numerot kirjoilleen. Kirjailijoille BoD hoitaa tämän asian. BoD voisi tuoda tämän selvemmin esille roolin valintaruudun kohdalla.

Yhteinen sessio siis typertyi siihen, että BoD-ohjeen lupaamaa ISBN-numeroa ei tullut kirjaprojektin ensimmäiselle näytölle. Ainoastaan 10-merkkinen viivakoodi oli näkyvissä. Tästä syystä ei myöskään projektin tallentaminen onnistunut.

Katseltiin yhdessä Salmen vanhoja valokuvia ja muita muistoja, mikä olikin antoisampaa, kuin tietokoneen tuijottelu ja ongelman ratkaisuun tähtäävä epätoivoinen naputtelu.

# Selvittelyvaihe

Päätettiin turvautua kustantajan sähköpostitukeen ja samalla testata sen toimivuutta. Ohessa kirjeenvaihtoa muistinvaraisesti:

*Ahti: Projektilleni annettu ISBN-numero (viivakoodissa) on 10 merkkiä pitkä. Eikös ISBN-numero ole nykyisin 13 merkkiä pitkä? Näin teidänkin ohjeidenne mukaan. Pitäisi jo päästä eteenpäin tekemään kirjatilaus ja nyt tämä junnaa tässä kohtaa!!*

*BoD: ISBN-tunnus on 13-numeroinen. Annatko projektisi numeron tai kirjasi nimen, niin tarkistamme asian? Huomaathan, että mikäli kirjasi toteutetaan BoD Fun-palvelun kautta, se ei saa ISBN-tunnusta vaan BoD-tunnuksen, joka on 10-numeroinen, 0:lla alkava numerosarja.*

*Ahti: Alla tilannekuva projektista. Valittuna on siis BoD Classic, johon pitäisi tulla ISBN-numero. En tiedä, onko projektin tallennus onnistunut, kun järjestelmä valittaa ISBN-numerosta. En tiedä projektin numeroa. Toivottavasti tämä auttaa selvittämään ongelman mahdollisimman pian!*

*BoD: Todennäköisesti projekti ei ole tallentunut tilillesi, sillä sieltä on puuttunut kyseiseltä sivulta tietoa, juuri tämä ISBN-tunnus. Että projekti tallentuisi, tulee ensimmäisen sivun tiedot lisätä aina kaikki. Koska olet rekisteröitynyt kustantajana, tulee sinun hankkia ISBN-tunnus itse ISBN-keskukselta. Saatuasi ISBN- tunnuksen, tulee se syöttää tuohon ISBN kohtaan.*

*Huomioithan, että kenttään tulee lisätä vain numerot eikä niitä tule erotella millään tavoin.*

Siinähän se tuli ihan selvästi:*"Koska olet rekisteröitynyt kustantajana, tulee sinun hankkia ISBN-tunnus itse ISBN-keskukselta"*. Tämä kaikki selviää kyllä, kun käy tarkasti läpi kustantajan rooliin liittyviä velvoitteita. Mutta kukapa vertais-IT-tukihenkilö tätä kaikkea tietää ennestään!

Lisäksi BoD:ltä saatiin tieto, että tilin statusta ei voi muuttaa vaan tili pitää poistaa. Sitten voi 24 tunnin jälkeen luoda uuden tilin uudella statuksella:

*BoD: Jos haluat vaihtaa tilisi kirjailijatiliksi, onnistuu se poistamalla nykyinen tili kokonaan ja tekemällä tämän jälkeen uusi tili. Poistettuasi nykyisen tilin tulee sinun odottaa 24 tuntia, että sähköpostiosoitteesi poistuu kokonaan järjestelmästämme, minkä jälkeen voit luoda samalla sähköpostiosoitteella uuden tilin. Jos luot kirjailijatilin, saa teoksesi tuolloin ISBN-tunnuksen BoD:lta ja BoD tulee merkitä julkaisu-tietoihin (sivulle 4) kirjan kustantajaksi.*

Nyt päästiin eteenpäin. Kun roolin muutos ei onnistunut heti, päätettiin luoda uusi asiakastili Saaran sähköpostiosoitteeseen (tilinumero on aina s-postiosoite ja siihen liitetään oma salasana). Saaran tili rekisteröitiin Kirjailija-tiliksi ja tästä eteenpäin kaikki sujui kuin Strömsössä: ISBN-numero ilmestyi osioon 1 ja kaikki muutkin ruudut menivät sujuvasti eteenpäin, kunnes... Kansi!

# Kannen tekeminen ja tyhjien sivujen lisäys

Ahti oli naiivisti ajatellut, että kansi olisi 2-sivuinen pdf-dokumentti sisäosan tapaan. Mutta totuus paljastui PoD-sivuja selatessa:

**Moka**: Kansi ei suinkaan ole kahden sivun kokoinen PDF-dokumentti.
**Opetus**: Kansi tulee työstää yhtenä arkkina, jossa on takakansi, selkämys ja etukansi. Eli ikään kuin kuva ylösalaisin käännetystä kirjasta.

Huh, huh, ajateltiin, kun käytössä ei ollut varsinaisia sivuntaitto-ohjelmia, joita tähän tarkoitukseen suositeltiin. Onneksi kustantaja tarjosi oman työkalunsa tähän vaiheeseen: EasyCover. Ensin laskettiin kansityökalulla mitat kansiarkille ja sitten valittiin sopiva kansimalli.

Kansimalleista löytyi onneksi juuri sentyyppinen kansi, jota olimme kirjalle suunnitelleet. Kansimallin valinnan jälkeen eniten päänvaivaa tuotti kanteen sijoitettava kuva. Kansimallissa oli kuva-alue, joka oli kiinteä. Siihen tuli siis valitusta kuvasta vain se osa vasemmasta yläkulmasta alkaen, mikä sopi ko. alueeseen (skaalattuna). Onneksi kuvaa saattoi siirtää vaakasuorassa.

Suuri etu EasyCoverin käytössä oli se, että takakannen ISBN-numero ja viivakoodi tulivat mukaan automaattisesti ja että kirjan esittelyteksti tuli takakanteen automaattisesti (aikaisemmin luettelointitietojen yhteydessä syötetyn) mukaisesti.

**Moka**: Kuviteltiin, että kuvaa voi rajata ja skaalata. Kannen kuva ei ole BoD:n palvelussa vapaasti skaalattavissa.
**Opetus**: Kannattaa etukäteen valmistella kuva kannen formaattiin sopivaksi.

**Moka**: Takakanteen suunniteltiin turhaan kuvaa.
**Opetus**: Valmismalleissa ei ollut sellaista, jossa olisi voinut sijoittaa kuvan kirjan takakanteen.

Onneksi kanteen suunniteltu Salmelle hyvin rakas kuva skaalautui suhteellisen hyvin etukannen kuvatilaan. Takakannen kuva sijoitettiin viimevaiheessa etuosan tyhjälle sivulle. Ohessa kuva kirjan kansista lopullisessa muodossaan:

**Moka**: Kuviteltiin, että sivumäärä on vapaa.
**Opetus**: Sisäosan sivumäärän tulee olla 4:llä jaollinen (ainakin BoD:llä). Täytyy siis tehdä tyhjiä sivuja alkuun ja loppuun

sopivat määrät. Alussa Kustantaja- ja ISBN-tiedot täytyy olla sivulla 4.

Tyhjien ja otsikkosivujen sivunumeroiden piilottaminen osoittautui melko haasteelliseksi, kuten usein tällaiset pienet yksityiskohdat. Tässä tapauksessa nopeimmaksi tavaksi osoittautui kirjan jakaminen osiin (sections), joiden sivunumeroinnit kytkettiin irti toisistaan. Kirjan alusta ja lopusta sivunumerot poistettiin (footerista) ja kirjan varsinaisen keskiosan sivunumerointi aloitettiin numerosta 6. Ohjeiden mukaan tyhjät ja otsikkosivutkin pitää laskea mukaan!

Näin saatiin lopulta Saaran kanssa kirjatilaus tehtyä lastenlasten hoitomatkalla Espoossa 10.11.2018. Salme hälytettiin vielä puhelinlinjan päähän antamaan puuttuvat tiedot: Tarvittiin pankkitilin tiedot, minne tekijäpalkkiot maksetaan!

## Tilin poistaminen BoD:n palvelusta

Palataan takaisin tilin poistamiseen. Se ei onnistunutkaan noin vain, vaan vaati muutaman neuvontakierroksen BoD:n hyvin toimivan tukipalvelun kanssa.

**Ahti**: BoD:n käyttöliittymä ei jotenkin vain vastannut minun ajatusmalliani, enkä löytänyt tilin poistamiskohtaa mistään valikosta. Tähän sain tämäntapaisen ohjeen:

*"Asiakastiedot löytyvät myBoD-tililtä. Eli kun olet kirjautunut tilillesi sisään, aukeaa sinulle myBoD-tilin sivu, jossa näkyvät myös kirjaprojektisi. Kirjaprojektien alapuolella on sinulla kenttiä kuten "Kirjamenestykset", Kirjatilaukset", "Julkaisukonsepti" ja näiden joukosta löytyy myös "asiakastiedot".*

*Tämän kohdan voit aukaista klikkaamalla kyseisen kentän oikealla puolella olevaa nuolta. Silloin saat asiakastietojen eri osiot näkyviin mm. kirjautumistiedot."*

Sieltähän se lopulta löytyi ja tilin poistaminen onnistui. Ohjeiden mukaan pitää vielä odotella 24 tuntia ennen kuin voi perustaa uuden tilin samalle sp-osoitteelle.

## Kirjan tilaaminen ja toimittaminen

Ahti kommentoi tätä vaihetta:

BoD:n konseptin mukaan kirjailija maksaa aluksi vain valitsemansa palvelupaketin mukaisen kertamaksun (tässä tapauksessa BoD-Classic, 69 €). Sitten kirjailija määrittelee kirjansa myyntihinnan, josta saa oman osuutensa myynnin mukaan. Valittiin paperiversion hinnaksi 10 € ja E-kirjan hinnaksi 5 €.

Omaan käyttöönsä kirjailija voi tilata kirjaa palvelukonseptin mukaiseen hintaan. Tässä tapauksessa Salme tilasi 90 kpl hintaan 361,57 €, mikä sisältää toimituskuluja 32,89 €. Kappalehinta ilman toimituskuluja oli 3,32 €. Toimitustavaksi valittiin DHL, ja kirjat tulivat Salmen kotiosoitteeseen 23.11.2018 eli vajaat kaksi viikkoa tilauksen tekemisestä.

Toimituksen etenemisestä tuli tietoja Saaran sähköpostiin ja sinne tulleen linkin avulla toimituksen etenemistä pystyi seuraamaan tarkasti.

Testasin kirjan saatavuutta nettikaupoista 30.11.2018 Googlettamalla "Salme Räsänen Muistoja lapsuudesta vanhuuteen".

Heti löytyi BoD-kirjakaupan sivut ja sieltä tämä uutuusteos. Tilasin testimielessä sekä paperivesion että E-kirjan (yhteensä 15 € + toimituskulut). Tilaus onnistui hyvin, mutta vaati rekisteröitymisen BoD:n asiakkaaksi ja tietenkin myös luottokorttitiedot ja pankkitunnuksilla tehdyn tunnistautumisen.

Monelle ensikertalaiselle (kuten Salmelle) nettikaupoissa asioiminen on jopa pelottavaa. Ostoskori on outo käsite ja maksamisen monet varmistukset hankalia.

Paikallisesta Info-kirjakaupasta ei teosta ollut vielä tilattavissa 30.11.2018. Seuraavaksi täytyi selvittää, kuinka kauan kestää se, että kirjan tilausmahdollisuus tulee kaikkien kirjakauppojen saataville. Valitun kustannuspalvelupaketin suuri etu oli se, että kirjakauppamyynti hoidetaan kustantajan toimesta tuon maksetun perusmaksun turvin.

Käväisin lauantaina 1.12.2018 Siilinjärven keskustan Info- kirjakaupassa selvitelläkseni kirjojen tilausmenetteyä yleensä ja Salmen kirjaa tuoreena esimerkkitapauksena. Yllättäen kirja löytyikin jo nyt tilausjärjestelmästä, joka on todella laaja kaikkien kirjakauppojen käyttämä keskusrekisteri. Kauppias tilasi kirjoja heti hyllyyn ja arveli toimituksen tulevan ensi viikolla.

2.12.2018 testasin kirjan saatavuutta amazon.com-netti-kaupasta, joka on yksi maailman suurimpia lajissaan. Ja sietähän se Salmen kirja löytyi suoraan kirjailijan nimellä sekä paperiversiona että E-kirjana lisämaininnalla "Finnish edition".

Kyllä tämä maailma on nykyisin aika ihmeellinen paikka: Kolme viikkoa oli kulunut siitä, kun kirja lähetettiin painoon

69 € alkupanostuksella ja nyt kirja on maailmanlaajuisessa jakelussa sekä paperiversiona että E-kirjana! Eikä painosmäärästä tarvitse kantaa huolta: Books On Demand, eli kirjoja tarpeen mukaan. Muistaakseni sopimus on voimassa vuoden ja sitä voi jatkaa tarvittaessa (tämä täytyy vielä tarkistaa).

Kaikille niille, jotka ovat aidosti kiinnostuneita elämänkertakirjoittamisesta ja/tai sen ohjaamisesta, suosittelen tämän esimerkkikirjan hankintaa. Käsillä olevan ohjeenkin seuraaminen on paljon konkreettisempaa, jos lopputulos on käsin kosketeltavana tai ruudulla katsottavissa.

## Kirjan esittely ja vastaanotto

Ahti esitteli kirjaa Savonetin syyskokouksessa Kuopiossa 28.11.2018 ja Siilinjärven vertaisohjaajien kokouksessa 30.11.2018 ja sitten vielä Savonetin hallituksen kokouksessa 3.12.2018. Kaikissa tilaisuuksissa kirja ja koko prosessi sai hyvin kiinnostuneen vastaanoton. Kirjan kirjoittaminen pelkästään iPadin näyttönäppäimistöllä sekä kuvien skannaus ja liittäminen omatoimisesti herättivät ihmetystä. Varsinkin kun kirjailija on jo yli 80-vuotias. Tässä on hyvä malli muillekin muistelijoille!

BoD:n raportoinnista ja tekijänpalkkioiden tulouttamisestakin ehdittiin juuri saada ensimmäiset näytteet ennen tämän vihkosen painoon lähettämistä: Vuoden loppuun mennessä kirjaa oli myyty yhteensä 11 kappaletta ja tekijänpalkkioita näistä oli kertynyt 26,12 €.

Salme oli antanut kirjan muutamalle tuttavalleen luettavaksi heti tuoreeltaan ja myös heiltä tuli hyvin positiivista palautetta: "Kirja piti lukea heti kannesta kanteen yhdellä istumalla!".

Puhelimessa Salmen kanssa todettiin, että kerrankin minä olin oikeassa: Jossakin vaiheessa Salmea alkoi hävettää ja mietityttää, että kannattaako tällaista raakiletta julkaista. Minä olin sitä mieltä, että ehdottomasti kannattaa!

Monien kirjasta puuttuvien muistojen ja varsinkin kuvien osalta todettiin yhdessä, että mikään ei estä täydentävän jatko-osan tekemistä nyt, kun tämä homma jo osataan!

## Saatesanat

Olisikohan meillä itse kullakin muistoja ja kokemuksia, joista jälkipolvet saattaisivat olla kiinnostuneita (jo nyt tai sitten vasta myöhemmin)!? Kirja säilyttää arvonsa ja strukturoidun sisältönsä pitkään verrattuna esim Chat- tai sähköpostiviesteihin ja sähköisten kuva-albumeiden tuhansiin bittiavaruuden pilvissä kelluviin kuviin. Kannattaa muistella silloin, kun muisti vielä pelaa ja kannattaa tallentaa muistot kirjaksi. Toivottavasti tästä opasvihkosesta on apua monille muistelijoille!

**Kiitokset** Saara Liljerothille monipuolisesta tuesta tämänkin hankkeen aikana, Tiina Brunellille tekstin oikoluvusta ja Leena Jokimaalle (Vestäjien elämänkertapajasta) kannustuksesta julkaisemisen suhteen.

# Jälkipuheet

Tyypillistä tällaiselle kirjaprojektille on se, että jatkoa tulee koko ajan ja on vaikea katkaista tarinaa tiettyyn pisteeseen. Jatkamme siis vielä muutamalla jälkihuomatuksella.

Tapasimme Salmen kanssa tänään (29.1.2019). Tarkoituksena oli ottaa kuva tämän kirjan kanteen (lopputulos näkyy kannessa!) ja syödä yhteinen lounas tämän ohjevihkosen valmistumisen kunniaksi. Lounaan jälkeen Salmella oli vielä pari kysymystä:

**Salme**: Kun hain Googlaamalla "Pöljän Kievari", niin sain näkyviin vaikka mitä, jopa oman kirjani koko tekstin (Huom: Pöljän Kievari oli Salmen kotitilan nimitys, ei mikään julkinen kievari).

**Ahti**: Kokeillaan! En ole itsekään ennen ollut mukana julkaisemassa kirjaa Internettiin! Mitähän kaikkea tästä voidaan oppia?

Tästä tulikin varsin mielenkiintoinen kokeilu, josta jokaisen kirjansa julkaisua harkitsevan kannattaa ottaa opikseen.

Yhdessä alettiin siis tutkia tätä mahdollista oikeuksien loukkausta. Kokemus oli sangen opettavainen molemmille. Tässä pääkohdat havainnoista:

- Kun Googlaa tietyillä sanoilla, tulee listalle mukaan kaikki ne Internetissä olevat sivut, joilla ko. sanat esiintyvät. Tässä tapauksessa löytyi Pöljän Kievari –haulla myös Salmen teos. Molemmat sanathan olivat kirjassa lähellä toisiaan.

- Googletuksen listalle tulee siis paljon erilaisia linkkejä, joiden sisällöstä löytyvät hakuehdon mukaiset sanat.
- Tärkeä pointti: Kannattaa katsoa tarkkaan, mille sivuille kukin linkki ohjaa! Hakuehto ohjaa vain poimintaa.
- "Pöljän" ja "Kievari" ovat tässä siis hakusanoina. Niitä kone siis hakee ydessä ja erikseen Googlen algoritmin (hakurobotin) mukaisesti.
- **Opetus 1**: Googlen tarjoamien linkkien listalta kannattaa katsoa tarkkaan, mistä ne ovat peräisin! Varsinainen osoite on kunkin kohteen pääotsikon alla toisella rivillä. Esimerkki: https://fi-fi.facebook.com/KuviaPoljalta/
- **Opetus 2**: Tässä tapauksessa Salmen kirja tosiaankin näkyi kokonaisuudessaan erään linkin takaa. Linkki oli Googlen sähköinen kirjakauppa:
https://books.google.fi/books?isbn=9528006698
-  Ei Salme suinkaan ollut turhaan huolissaan koko kirjansa näkymisestä internetissä Pöljän Kievari –haulla.

Nyt huomattiin, että Pöljän Kievari oli erittäin hyvä esimerkki hakuehdosta. Se paljasti, että Googlen oma nettikirjakauppa näytti koko Salmen kirjan. Teksti oli kyllä niin pientä, ettei sitä pystynyt lukemaan. Ilmeisesti kansainväliset tekijänoikeussäännökset sallivat tämän!

Ilmeisesti on niin, että näkyvissä oleva kirjan teksti oli vain Googlen kirjakaupan mainostemppu. Alettiin sitten tutkia muiden nettikirjakauppojen tapaa esitellä Salmen kirjaa.

- books.google.fi näytti siis koko tekstin, mutta hyvin pienessä koossa
- Amazon näytti kirjasta kannet ja alkuosan esittelytekstistä
- Elisa-kirja (josta Ahti on ostanut useita e-kirjoja) näytti yllättäen kirjan muutaman näytesivun lisäksi sisällysluettelon (jota ei ollut kirjassa itsessään). Ilmeisesti joku robotti oli luonut sen otsikkofontin perusteella!

Tuumailtiin, mitä opimme tästä. Ainakin sen, että eri kirjakauppiaat markkinoivat tarjotaansa eri tavoin. Yllättäväksi todettiin sinänsä, että monet (ehkä kaikki?) merkittävät nettikirjakaupat tajoavat näinkin äskettäin julkaistua teosta maailmanlaajuisesti.

Mutta tärkein opetus tästä kokeilusta oli se, minkä "Pöljän Kievari" –haku opetti:

Kun julkaiset kirjan näillä asetuksilla (eli myös E-kirja, myös kansainvälinen jakelu), kirjasi jokainen sana kulkee automaattisesti hakukoneiden indekstointialgoritmien läpi. **Koko sisältö on siis haettavissa kenen tahansa toimesta, jolla on pääsy Internettiin.** Yksityiskohdat tulevat näin julkaistuiksi muillekin kuin kirjan ostajille: Kaikki maailman miljardit Googlettajat näkevät kirjoittamasi tekstit, jos jollakin hakuehdollaan niihin osuvat! Onko tämä hyvä vai paha asia? Saat hyvin sanottavasi laajaan jakeluun mutta mieti, mitä sanot!

Ohessa ruutukaappaus Googlen näkemyksestä Pöljän kievarista. Aika paljon saivat irti lyhyessä ajassa!

## Summa summarum:

Koko ajan opitaan yhdessä lisää. Tärkeintä onkin jakaa kokemusperäistä tietoa, sekä ongelmia että onnistumisia mahdollisimman laajalle! Ei tämä maailman muuttuminen tähän lopu...

# Seniorien ATK-yhdistys SAVONETTI ry

- Yhdistys, joka auttaa ikäihmisiä tietotekniikassa ja sähköisessä asioinnissa
- Auttajina n. 100 vertaisohjaajaa: vapaaehtoisia senioreita ja alan harrastajia, kovinkaan moni ei ICT-alan ammattilainen
- Auttamistyötä tehty vuodesta 2001
- Toimii Pohjois-Savon alueella usealla paikkakunnalla, toiminta laajenee jatkuvasti. Toimintaa koordinoidaan Kuopiosssa sijaitsevasta toimistosta käsin
- Toimintamallina henkilökohtainen opastus: Koska ohjaaja on iäkäs, hän ymmärtää sen, että seniori oppii hitaammin kuin nuori. Kun seniori ohjaa seniorria, on yhteinen tahti ja yhteinen kieli sekä riittävästi kärsivällisyyttä asioiden kertaamiseen.
- Ohjaus, opastus ja neuvonta on maksutonta
- Rahoitus toiminnan koordinointiin tulee STEA:lta


Lisätietoja:
www.savonetti.fi
savonetti.toimisto@gmail.com